Wir entdecken Tiere
in Garten und Feld

Illustriert von Wolfgang de Haën
Mit Texten von Franz Moisl

Otto Maier Verlag Ravensburg

Inhalt

Vorwort

Jedes Kind freut sich, wenn es irgendwo ein Tier entdeckt und beobachten kann, wie es sich bewegt, wie es krabbelt, kriecht oder fliegt. Oft möchte das Kind dann mehr über dieses Tier wissen, was es wohl frißt, wie es lebt oder wo es schläft.

Dieses Buch stellt Tiere der näheren und weiteren Umgebung vor. Ausgehend vom Garten, der dem jungen Leser am ehesten bekannt ist, führen die weiteren Streifzüge zu Wiese und Feld. Es sind vor allem die kleineren und ganz kleinen Tiere, die die große Vielfalt unserer Tierwelt ausmachen: Vögel, kleine Säuger, Schnecken, Würmer, Käfer und Schmetterlinge. In Bildern und Texten wird gezeigt, wo diese Tiere zu finden sind und warum wir manche von ihnen nur noch selten antreffen: Die Eingriffe des Menschen in die Natur – die Trockenlegung von Sümpfen etwa, die Beseitigung von Hecken und Gräben oder die Anlage von eintönigen, gleichmäßigen Zierrasenflächen im Garten – entziehen langsam aber stetig vielen Tieren den Lebensraum.

Wir möchten mit diesem Buch den jungen Leser dazu verlocken, eigene Streifzüge zu machen, die Natur draußen mit wachen Augen zu beobachten, um die Lebensbedingungen unserer Kleintierwelt kennen- und verstehen zu lernen. Vielleicht entdeckt der eine oder andere selbst, warum sich die Lebensbedingungen für zahlreiche Tiere drastisch verschlechtert haben, und er erfährt, was er in seiner Umgebung dazu tun kann, diese Lebensbedingungen wieder zu verbessern.

Der Fund eines Maikäfers bedeutet heutzutage eine kleine Sensation. Vor zwei bis drei Jahrzehnten dagegen erhielt man für die Ablieferung von 1 kg Maikäfer noch bares Geld. Die Einteilung von Tieren und Pflanzen in Kategorien wie „nützlich" oder „schädlich" muß der Vergangenheit angehören. Jedes Lebewesen hat sich im Lauf der Entwicklung einen festen Platz in der Tier- oder Pflanzenwelt erobert. Für die Natur gibt es keine schädlichen Lebewesen. Erst der Mensch unserer Tage legte fest, ob ein Tier bzw. eine Pflanze als nützlich oder schädlich einzustufen sei. Dieses Buch soll die Erkenntnis vermitteln, daß jedes Lebewesen eine wichtige Funktion im Gleichgewicht der Natur erfüllt.
Wir hoffen, daß dieses Buch mit seinen anschaulichen Zeichnungen dazu beiträgt, das Verständnis für die Notwendigkeit unversehrter Lebensräume auch schon beim jungen Leser zu wecken.

Franz Moisl
Wolfgang de Haën

Tiere im Garten

Einen Garten wie auf dem folgenden Bild gibt es leider nur noch selten. Dabei ist das ein Garten, wie ihn Tiere sich bestimmt wünschen würden. Anders als der Mensch mögen sie keine geteerten Wege oder kurzgeschnittene Rasen. Für all die Tiere, die im Garten hausen, ist eine Hecke, die als Versteck oder Brutplatz dient, oder ein kleiner, verwilderter Tümpel viel wichtiger. Statt dessen vernichtet der Mensch durch Unkrautvertilgungsmittel und Insektengifte eine Reihe von Pflanzen und Tieren, die andere Tiere als Nahrung brauchen. Für den Menschen wird der Garten durch diese Pflege vielleicht immer schöner, für viele Tiere wird er dadurch aber immer lebensfeindlicher.

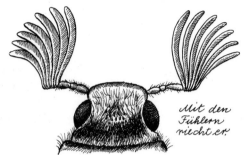

Mit den Fühlern riecht er.

Der Maikäfer

Vor 15 bis 20 Jahren war der Maikäfer ein beliebtes Spielzeug für viele Kinder. Sie sammelten Maikäfer in Kisten und Dosen, tauschten die schönsten Tiere miteinander und veranstalteten sogar Maikäferrennen. In manchen Jahren gab es eine regelrechte Maikäferschwemme, über die sich aber nur die Kinder freuten. Für Bauern und Gärtner sind Maikäfer eine Plage, weil sie sich mit großer Freßgier über die Blätter vieler Bäume hermachen, besonders von Buchen, Eichen und Birken. Außerdem nagen die Larven des Maikäfers die Wurzeln dieser Bäume an und bringen damit manchmal die Bäume zum Absterben.

Warum kommt es immer nur in bestimmten Zeitabständen zu einer Maikäferschwemme, und warum ist der Maikäfer in den letzten Jahren fast ganz verschwunden? Ein Maikäfer lebt insgesamt etwa vier Jahre und zwei Monate. Vier Jahre davon verbringt er allerdings unter der Erde. Als ausgewachsener Käfer, wie wir ihn kennen,

lebt er nur vier bis acht Wochen. In seinen stark gefächerten Fühlern hat das Maikäfermännchen ein gutes Riechorgan. Damit sucht er sich auch die Weibchen und findet sie oft über mehrere hundert Meter hinweg. Im Juni legt das Weibchen seine Eier ab, und im Laufe von drei Jahren entwickeln sich daraus die Larven: die Engerlinge. Der Engerling verpuppt sich im Winter des dritten Jahres nach der Eiablage. Im darauffolgenden Frühjahr schlüpft der Maikäfer aus und kriecht aus der Erde. Wenn sich einmal besonders viele Käfer entwickelt haben, dann legen diese auch mehr Eier in den Boden. So kommt es, daß vier Jahre später wieder sehr viele Käfer ausschlüpfen.

Durch den Einsatz von Insektengiften ist der Maikäfer fast ausgerottet worden. Daß er jetzt wieder häufiger zu sehen ist, kann daran liegen, daß man bei uns das berühmte Insektengift DDT verboten hat. Vielleicht haben sich aber auch einige Maikäfer an das Gift angepaßt und erreichten damit größere Chancen zum Überleben.

*eingerollter Igel
in Abwehrstellung*

Der Igel

Ab und zu sieht man Igel im Garten, häufiger sieht man sie tot auf der Straße liegen. Jedes Jahr werden bei uns ungefähr 300000 Igel überfahren. Was treibt den Igel dazu, sich auf der Straße aufzuhalten?

Das Fell, Kennzeichen aller Säugetiere, hat sich beim Igel durch Verwachsen von einzelnen Haaren zu einem dichten Stachelkleid umgebildet; es besteht aus etwa 16000 Stacheln. Bei kleinen Igelkindern sind die Stacheln noch ganz weich und stecken bei der Geburt in einer Hülle, so daß die Igelmutter nicht verletzt wird. Die Stacheln bieten dem Igel einen ausgezeichneten Schutz vor Feinden. Nur gegenüber modernen Verkehrsmitteln sind sie leider wirkungslos.

Igel suchen bei Einbruch der Dunkelheit gern Asphaltstraßen auf, weil sich die Sonnenwärme in und über der

Straßendecke länger hält als im Gras. Die Wärme der Straße lockt aber auch zahlreiche Insekten an – für den Igel eine geschätzte Nahrung. Wenn sich nun ein Auto nähert, reagiert der Igel so, wie er es seit Jahrmillionen gewohnt ist: Er rollt sich ein und vertraut auf die Abwehrkraft seiner Stacheln. Wenn ihn nicht gleich dieses Auto überfährt, wird er vielleicht vom nächsten überrollt, denn er verharrt meist lange in der eingerollten Stellung.

Den Winter verbringt der Igel, oft unter einem Laubhaufen verborgen, in tiefem Schlaf. Igel, die bei Einbruch des Winters in warme Häuser flüchten und die weniger als 600 g wiegen, haben keine Chance, im Freien den Frost zu überleben. Man sollte sie im Keller in einer Kiste überwintern lassen und sie regelmäßig mit magerem, gehacktem Rindfleisch, rohem oder gekochtem Fisch, Hühnerinnereien sowie ab und zu mit Rosinen oder einem Stück Banane füttern. Man sollte ihnen aber Wasser und nicht Milch zu trinken geben, weil die meisten Igel von Milch Durchfall bekommen und daran sterben.

Die Erfinderin
des Papiers

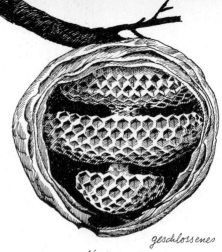

geschlossenes
Nest der Mittleren Wespe

Die Wespe

Das Papier wurde vor rund 2000 Jahren in China erfunden, das kann man in vielen Nachschlagewerken lesen. Papier besteht zum größten Teil aus ganz fein zerkleinertem Holz, das in Wasser aufgelöst, anschließend ausgebreitet und getrocknet wurde.

Ganz ähnlich machen es die Wespen: Zunächst zerkleinern sie die Holzteilchen, die sie mit ihren kräftigen Kiefern von einem alten Baum abgenagt haben. Die feinen Splitter werden ausgiebig gekaut, und daraus entsteht ein mit Speichel vermengter Holzbrei. Diesen Brei ziehen die Wespen mit Hilfe ihrer Vorderbeine zu einem dünnen, papierähnlichen Stoff aus, mit dem sie ihre Nester bauen.

Die grauen Wespennester findet man häufig in Heuschuppen, Scheunen und auf Dachböden. Viele Menschen haben große Angst davor, ein Wespennest zu entfernen. Das ist verständlich, denn Wespen sind recht an-

griffslustig und stechfreudig. Wenn man im Sommer draußen Kuchen oder Obst ißt, kommen sie oft in Scharen herbei und machen sich über alles Süße her. Versucht man, sich dagegen zu wehren, kann man rasch die Erfahrung machen, wie schmerzhaft ein Wespenstich ist. Doch wer meint, Wespen seien nur unangenehm und schädlich, der täuscht sich: Wespen spielen nämlich eine bedeutende Rolle bei der Bestäubung, also bei der Übertragung des Blütenstaubs von einer Blüte zur anderen. Unterbleibt die Bestäubung, dann können die meisten Pflanzen keine Samen und damit keine neuen Pflanzen hervorbringen. Daher ist es auch den Wespen zu verdanken, daß viele Pflanzen noch nicht ausgestorben sind.

Feldwespe

Mittlere Wespe

Hornisse, die größte Wespe

Sie kann Bilder „hören"

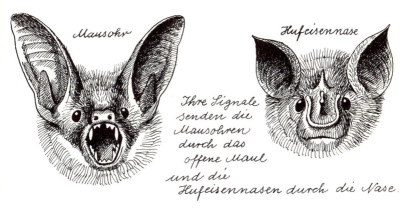

Mausohr

Hufeisennase

Ihre Signale senden die Mausohren durch das offene Maul und die Hufeisennasen durch die Nase.

Die Fledermaus

Fledermäuse sind seltsame und scheinbar auch seltene Tiere. Dabei sind allein 1/5 aller Säugetierarten Fledermäuse. Daß man sie bei uns nur selten sieht, liegt zum einen daran, daß es in Deutschland, im Gegensatz zu südlichen oder tropischen Ländern, recht wenige Fledermausarten gibt. Zweitens sind Fledermäuse ausgesprochene Nachttiere, die tagsüber in schwer zugänglichen Höhlen oder Dachböden schlafen. Dabei wickeln sie sich in ihre Flughaut ein und hängen mit dem Kopf nach unten an der Decke. Den Winter über halten sie – ebenfalls an der Decke hängend – Winterschlaf.
Von Nachttieren sollte man annehmen, daß sie große und gute Augen besitzen, aber bei den heimischen Fledermausarten ist genau das Gegenteil der Fall: Sie haben

auffallend kleine Augen, dafür aber um so größere Ohren. Das brachte schon vor fast 200 Jahren den italienischen Forscher Spallanzani auf die Idee, einige Versuche über das Orientierungsvermögen der Fledermäuse zu machen: Er spannte quer durch einen Raum dünne Fäden, die mit Glöckchen versehen waren, verdunkelte den Raum und ließ einige Fledermäuse darin herumfliegen. Trotz der vollkommenen Dunkelheit stieß keine der Fledermäuse an die gespannten Drähte. Hatte man ihnen aber auch noch die Ohren zugeklebt, dann berührten sie die Fäden häufig und stießen sogar gegen die Wand. Erst viel später konnte das Geheimnis der Orientierung von Fledermäusen gelüftet werden: Die Fledermaus stößt sehr hohe, für den Menschen unhörbare Töne aus. Das Echo dieser Töne läßt sie nicht nur die Entfernung eines Gegenstandes, sondern auch dessen Umriß und Beschaffenheit erkennen. Man kann daher ohne weiteres behaupten, daß die Fledermaus mit ihren großen Ohren Bilder „hören" und sich dadurch auch bei völliger Dunkelheit gut orientieren kann.

Sie ist Männchen und Weibchen zugleich

aufgeschnittenes,
leeres
Schneckenhaus

Die Weinbergschnecke

Wie viele Weinbergschnecken unsere Felder und Wiesen bevölkern, wird einem erst so richtig klar, wenn man einmal bei Regen spazierengeht. Sonst begegnet man diesen äußerst langsam dahinkriechenden Geschöpfen, die ihr Haus auf dem Rücken mit sich tragen, recht selten. Unangenehm wird man an sie erinnert, wenn man den Salat im Garten stark angefressen vorfindet. Eigentlich ernähren sich Weinbergschnecken hauptsächlich von toten, schon angefaulten Pflanzenresten, deren Abwehrkräfte erloschen sind. Viele Pflanzen bilden nämlich Haare oder Borsten oder enthalten bitter schmeckende Bestandteile, die die Pflanze davor schützen sollen, gefressen zu werden. Nach dem Absterben der Pflanze sind diese Schutzvorrichtungen nicht mehr wirksam. Nur die Nutzpflanzen, die vom Menschen gezüchtet werden, zum Beispiel Salat oder Weinreben, haben keine Schutz-

vorrichtungen. Da Salat sehr kalkhaltig ist und die Schnecken zum Aufbau ihres Gehäuses viel Kalk brauchen, zählt Salat zu ihren Lieblingsspeisen.

Weinbergschnecken haben zwar keine richtige Zunge, sie können die Blätter ihrer Nahrung aber dennoch ganz fein zerreiben. Dies geschieht mit Hilfe einer Reibeplatte, die auf dem Zungenknorpel liegt und sich wie Sandpapier anfühlt.

Eine Weinbergschnecke kann etwa sechs Jahre alt werden. Mit drei Jahren ist sie erwachsen und kann sich fortpflanzen. Vergeblich sucht man nach einem Unterschied zwischen Männchen und Weibchen, denn sie ist beides zugleich. Solche Tiere, die sowohl Eier legen als auch Samenzellen erzeugen können, bezeichnet man als Zwitter. Die Weinbergschnecken besamen sich gegenseitig und legen anschließend ihre Eier in ein Loch, das sie in den Boden gegraben haben. Aus den fast erbsengroßen Eiern schlüpfen nach ein paar Wochen die jungen Schnecken, die schon mit einem stecknadelkopfgroßen Haus zur Welt kommen.

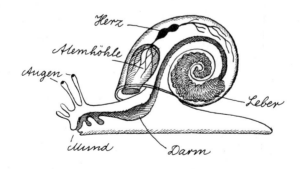

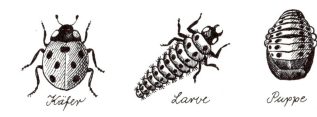

Käfer — Larve — Puppe

Der Marienkäfer

Der Marienkäfer ist bei Kindern und bei Erwachsenen gleichermaßen beliebt, selbst bei denen, die sich sonst vor Insekten ekeln und sie oft gedankenlos zertreten. Er verdankt seinen Namen der Jungfrau Maria und soll angeblich Glück bringen. Ob er einem einzelnen Menschen Glück bringen kann, ist fraglich; ohne Zweifel ist er aber ein „Glücksbringer" für alle Menschen: Ohne ihn wären schon manche Insekten wie Schildläuse, Milben und vor allem Blattläuse zur Landplage geworden. Marienkäfer werden meist mit großem Erfolg zur Schädlingsbekämpfung eingesetzt. Selbst die buntgefleckten Marienkäferlarven ernähren sich von Blattläusen und vertilgen täglich rund 50 dieser Tierchen. Bedenkt man, daß ein Marienkäferweibchen 500 bis 1000 Eier legen kann, so ist leicht einzusehen, warum Marienkäfer eine Blattlausplage erst gar nicht aufkommen lassen.

Auch im eigenen Garten kann man Schädlingsbekämpfung mit Marienkäfern betreiben. Wichtig ist dabei nur, daß die Blattläuse, zum Beispiel an den Rosenstöcken, nicht schon überhandgenommen haben. Wenn man Marienkäfer im Frühjahr im Garten als Schädlingsbekämpfer einsetzen möchte, sollte man im vorausgehenden Oktober einige Marienkäfer in einer Schachtel an einem frostgeschützten, aber dennoch kühlen Ort überwintern lassen.

Im warmen Zimmer müssen Marienkäfer über den Winter verhungern, falls man ihnen nicht einen völlig verlausten Blumenstock anbieten kann. Ansonsten brauchen sie eine Kältestarre, um ohne Energieverlust über den Winter zu kommen.

Wenn man einen Marienkäfer unsanft berührt, sollte man nicht vor der gelblichen Flüssigkeit erschrecken, die er aus seinen Kniegelenken ausscheidet. Dieser sogenannte Blutwehrsaft hat für andere Angreifer einen sehr bitteren Geschmack, für die menschliche Haut ist er völlig ungefährlich.

Ein Leben wie im Schlaraffenland

Der Apfelwickler

Im Schlaraffenland braucht sich niemand um das Essen zu sorgen, weil die ganze Umgebung aus lauter guten und wohlschmeckenden Speisen besteht. Leider besteht dieses Land für den Menschen nur im Märchen. Es gibt allerdings ein winziges Tier, das in einer Umgebung aufwächst, die unserer Vorstellung vom Schlaraffenland schon sehr nahe kommt: Die Larve des Apfelwicklers kennt zu Beginn ihrer Entwicklung keine Nahrungssorgen.

Der Apfelwickler selbst ist ein kleiner, unscheinbarer Falter, der nicht größer als einen Zentimeter wird. Seinen Namen hat er von seinen Verwandten, die mit dünnen Gespinstfäden die Blüten (manchmal auch die Blätter) ihrer Fraßbäume zusammenwickeln, um geschützt im Innern der Blüte leben zu können.

Kurz nach der Apfelbaumblüte legt das Weibchen des Apfelwicklers etwa 80 Eier an die noch ganz kleinen Äpfel. Aus den Eiern schlüpfen winzige Raupen, die einen langen Gang durch das Fruchtfleisch bis zum Kerngehäuse fressen. Zuerst fressen sie dort die noch unreifen Apfelkerne, später auch das Fruchtfleisch. Auf diese Weise entsteht im Innern des Apfels eine gemütliche Höhle, deren Wände noch dazu aus lauter eßbarem Material bestehen. Wahrhaftig, ein Leben fast wie im Schlaraffenland.

Im Sommer verlassen die Raupen, inzwischen dick und fett geworden, die fast reifen Früchte mit Hilfe eines Spinnfadens, der an ihrem Hinterleib austritt und an der Luft erhärtet. Den Winter verbringen sie in lockere Gespinstfäden eingehüllt. Erst im darauffolgenden Frühjahr verpuppen sie sich, und Anfang Mai schlüpfen dann die Falter aus.

Es ist sicher nicht nur Neid auf ein solches Leben, der den Menschen veranlaßt, den Apfelwickler zu bekämpfen, wo es geht: Ohne Anwendung von Insektenvernichtungsmitteln würde der Apfelwickler jedes Jahr die Hälfte unserer Apfelernte vernichten.

Er pflügt unter der Erde

Mund

Borsten

vorderes Ende
des Regenwurms

Der Regenwurm

Ein, zwei Spatenstiche im Garten, und wir befördern mit
großer Wahrscheinlichkeit auch einen Regenwurm mit
ans Tageslicht. Man kann ihn gefahrlos in die Hand nehmen, von der anhaftenden Erde befreien und ihn etwas
näher betrachten.

Von einem Körperende bis zum anderen ist der Regenwurm in viele gleichmäßige Ringe unterteilt. Legen wir
ihn auf ein Stück Papier, so hören wir vielleicht ein leises, kratzendes Geräusch. Es rührt von den kleinen Borsten her, die aus der Körperwand der einzelnen Ringe
hervorragen. Diese Borsten stemmt der Regenwurm in
die Erde, wenn er sich fortbewegt.

Hat man ihn einige Sekunden lang nicht beobachtet,
hat er inzwischen seine Gestalt vollkommen verändert:
War er vorher lang und dünn, so ist er jetzt kurz und dick
geworden. Indem er seine Muskeln, die sich unter der
Haut befinden, abwechselnd zusammenzieht und wieder dehnt, kann er sich langsam fortbewegen. Zwar kann

man am Regenwurm keine Augen erkennen, aber er kann hell und dunkel gut unterscheiden. Er versucht nämlich, so schnell wie möglich wieder in die Erde zu kriechen, wenn er ins Tageslicht geraten ist. Im Erdreich bohrt er lange Gänge und durchzieht es mit einem Netz von Röhren. Die Erde wird dadurch aufgelockert und durchlüftet. Bauern und Gärtnern erspart der Regenwurm oft das Umpflügen und Umgraben und sorgt so bestens für das Wachstum der Pflanzen. Er ernährt sich von verfaulenden Pflanzenresten, die er mit der Erde laufend in sich hineinfrißt. Mitunter zieht er sogar Pflanzenteile in die Erde, um sie später, wenn sie verfault sind, zu fressen.

Schneidet man beim Umgraben einmal einen Regenwurm durch, bedeutet das noch nicht den Tod des Tieres. Meist bildet der größere Teil das fehlende Ende wieder nach.

Bei starkem Regen füllen sich die Gänge des Regenwurms im Erdreich mit Wasser. Der Regenwurm droht dann zu ersticken und kommt deswegen zum Atmen an die Erdoberfläche. Daher hat er den Namen Regenwurm.

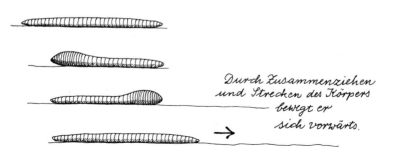

Durch Zusammenziehen und Strecken des Körpers bewegt er sich vorwärts.

Tiere im Feld

Wiesen werden heute kaum noch mit der Sense ge-mäht, sondern fast ausschließlich mit Mähmaschi-nen. Solche Maschinen, die an Traktoren befestigt sind, kann man aber nur dort einsetzen, wo es keine Hindernisse für sie gibt. Jeder Bauer ist deswegen darauf bedacht, daß auf seinen Wiesen und Feldern keine großen Steine herumliegen, daß möglichst wenig Büsche oder Hecken im Wege stehen und daß keine Wassergräben die Wiese durchschneiden. Nur dann kann er mit seinen Maschinen schnell und kostensparend arbeiten. Leider vergißt man da-rüber oft die Folgen für die Tiere, die hier leben: Zahllose Tiere werden von den Maschinen getötet, oder sie verlieren in einseitig umgestalteten Wiesen und Feldern ihren Lebensraum.

Der Hamster

„Hamstern" ist vielen Leuten, die Notzeiten erlebt haben, ein geläufiger Begriff: Sie gingen von einem Bauern zum anderen und schleppten so viel Eßbares nach Hause, wie sie bekommen konnten. Sie handelten ähnlich wie die zierlichen Nagetiere, die sich für den Winter mit Körnern eindecken.

Der Hamster gräbt mit seinen kurzen Füßen einen senkrechten Gang in die Erde, der bis zu zwei Meter in die Tiefe reichen kann. Am unteren Ende dieses Ganges baut er sich seine Wohnhöhle, die er mit Heu und Stroh weich polstert. Von dieser Wohnhöhle aus führt ein schräger Gang als Fluchtweg nach oben, und zahlreiche andere Gänge führen zu seinen Vorratskammern. Diese

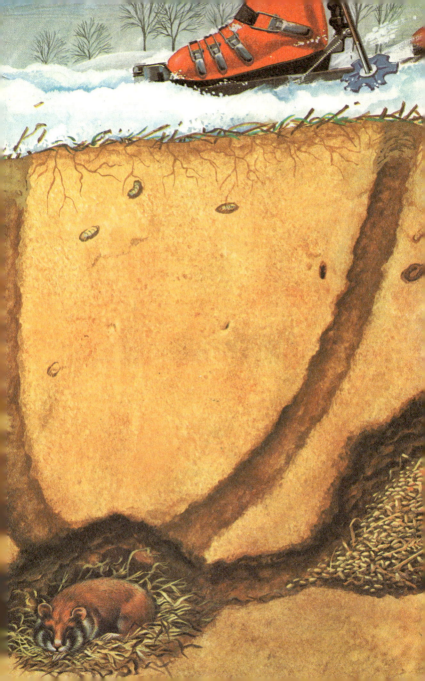

Kammern sind zu Beginn des Winters prall mit Körnern gefüllt. Schon im Sommer und vor allem im Herbst beginnt der Hamster mit dem Einsammeln der Getreidekörner. Er benützt dabei seine Backentaschen als Tragesäcke. Wenn sie vollgestopft sind, sieht es aus, als ob der Hamster seine Backen aufblasen würde. Die Backentaschen werden in die Vorratskammern entleert, und auf diese Weise kann ein Hamster bis zu 20 kg Getreide in seinem Bau ansammeln.

Es ist verständlich, daß dieses Tier von den Bauern nicht gern gesehen wird, aber die zahlreichen Feinde des Hamsters, zum Beispiel Bussard, Eule und Wiesel, sorgen dafür, daß er sich nicht zu stark ausbreitet. Sein Fortpflanzungsvermögen ist beachtlich. Ein Hamsterweibchen kann jedes Jahr siebenmal bis zu 10 Junge zur Welt bringen. Deshalb kann sich der Hamster sehr stark vermehren und großen Schaden anrichten, wenn seine natürlichen Feinde (zum Beispiel Bussard und Wiesel) ausgerottet werden. Die kleinen, braun gefärbten Goldhamster werden gerne als Käfigtiere von Kindern gehalten. Da sich jedoch herausgestellt hat, daß Goldhamster oft gefährliche Krankheiten wie die Hirnhautentzündung übertragen können, werden sie nur noch selten in den Zoohandlungen verkauft.

Sie musiziert auf ihren Flügeln

zirpende Grille

Die Feldgrille

Schon im Spätfrühling, etwa ab Mai, kann man bei sonnigem Wetter an Hängen und auf Wiesen ein lautstarkes Zirpen vernehmen. Die Musikanten selbst sind jedoch meist nur schwer zu beobachten, denn sobald man sich ihnen nähert, verstummen sie. Bei der leisesten Erschütterung des Bodens, zum Beispiel durch Schritte, verschwinden sie sofort in ihren selbstgegrabenen Löchern. Wenn man aber den Boden genau untersucht, kann man den Eingang zu einer kleinen Höhle entdecken. Nimmt man einen Grashalm und steckt ihn in die Öffnung, dann beißt sich der unterirdische Bewohner manchmal wütend daran fest, und man kann ihn ans Tageslicht ziehen. Es ist ein Grillenmännchen, das man durch diesen Trick ganz aus der Nähe betrachten kann.

Es hat einen glänzendschwarzen, recht dicken, runden Kopf mit zwei großen Augen und zwei langen dünnen

Fühlern, die sich andauernd hin- und herbewegen. Das Grillenmännchen lebt stets allein in seiner Höhle, und wehe dem Rivalen, der sich in seine Nähe wagt. Meist entbrennt dann ein heftiger Kampf, der mit dem Tod eines der beiden endet.

Das laute Zirpen des Grillenmännchens entsteht ähnlich wie der Ton einer Geige: Die Flügeldecken werden etwas vom Körper abgehoben und gegeneinander gewetzt. Die mit zahlreichen Zähnchen versehene Kante des einen Flügels streicht dabei über die Kante des anderen Flügels und versetzt diesen in Schwingungen. Auf diese Weise sollen die stummen Weibchen angelockt werden. Sie haben ein außerordentlich feines Gehör, das sich allerdings nicht am Kopf, sondern im Oberschenkel des Vorderbeins befindet. Selbst wenn man das Zirpen mit Hilfe eines Telefons in ein Zimmer überträgt, in dem ein gefangenes Weibchen sitzt, fühlt es sich davon angezogen und kriecht auf den Telefonhörer zu.

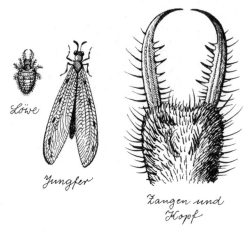

Löwe

Jungfer

Zangen und Kopf

Der Ameisenlöwe

Daß es bei uns einen Löwen gibt, der nur rund einen Zentimeter groß ist, wird dich sicher überraschen. Es ist der Ameisenlöwe, eine Insektenlarve, die den Ameisen auflauert, um sie zu verspeisen.

Der Ameisenlöwe ist die Larve der Ameisenjungfer, eines schlanken, libellenähnlichen Insekts. Die Ameisenjungfern legen ihre Eier an sonnigen, regengeschützten Stellen in den warmen Sand. Die aus dem Ei schlüpfende Larve nennt man Ameisenlöwe. Sie ist mit vielen Borsten besetzt und besitzt zwei mächtige Zangen, mit denen sie andere kleine Insekten, vor allem Ameisen, packen kann. Diese Zangen sind innen von einem feinen Kanal durchzogen. So kann eine Ameise festgehalten und gleichzeitig ausgesaugt werden.

Um möglichst viel Beute zu machen, ohne sich selbst dabei sehr anzustrengen, geht dieser kleine Jäger äußerst geschickt vor: Er gräbt einen Trichter in den weichen Sand, der bis zu fünf Zentimeter tief ist. Auf dem Grund dieses Trichters, unter Sand verborgen, lauert er darauf, daß ahnungslose Ameisen an dem steilen und lockeren Sandhang des Trichters ausrutschen und auf den Grund stürzen. Sollte es einem Opfer gelingen, die Trichterwand wieder emporzuklettern, so schleudert der Ameisenlöwe mit seinem Kopf Sand nach ihm und gegen die Trichterwände, um es wieder zum Abrutschen zu bringen.

Etwa im Juni beginnt die Larve sich zu verpuppen. Dazu verklebt sie Sandkörnchen zu einer Hohlkugel. Nach einiger Zeit schlüpft daraus die Ameisenjungfer, die man an ihren glasklaren Flügeln und den glänzenden, großen Kugelaugen erkennen kann. Am Tag sieht man sie übrigens nur selten fliegen. Sie geht meist in der Dämmerung auf Beutefang und vertilgt vor allem Blattläuse.

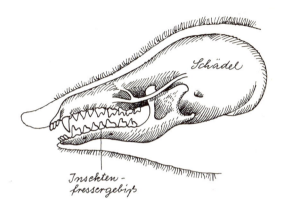

Schädel

Insekten -
fressergebiß

Der Maulwurf

Besonders im Frühjahr sind Wiesen und Gärten oft von
kleinen Erdhaufen übersät. Der aufgetaute Boden ist
jetzt besonders locker, und dann macht sich der Maulwurf nach dem langen Winter wieder auf die Nahrungssuche.
Er verbringt zwar die meiste Zeit seines Lebens unter
der Erde, aber er hält keinen Winterschlaf wie viele andere Tiere. Er braucht daher das ganze Jahr über einen
gedeckten Tisch. Regenwürmer und Engerlinge, seine
Hauptnahrung, ziehen sich im Winter in tiefere Erd-
schichten zurück. Deswegen muß auch der Maulwurf
seine zahlreichen Jagdgänge in die Tiefe verlegen. Und
für Notfälle legt er sich schon im Herbst in einer eigenen
Kammer einen Vorrat von Regenwürmern an.

In einem Erdloch Regenwürmer gefangenzuhalten, ist nicht einfach. Da sie sich durch das Erdreich fressen, könnten sie eigentlich leicht entwischen. Andererseits nützt dem Maulwurf aber kein Vorrat an toten Würmern, weil Fleisch schon nach kurzer Zeit verdirbt. Diese Schwierigkeit meistert der Maulwurf durch einen Trick: Er zerquetscht den gefangenen Würmern den Kopf, so daß diese sich nicht mehr gesteuert fortbewegen können. Bei Bedarf holt er sich dann jeweils einige Würmer aus dem lebenden Vorrat.

Für die unterirdische Lebensweise ist der Maulwurf vorzüglich ausgestattet. Die Vorderbeine sind verbreitert und zu Grabschaufeln umgewandelt. Sein Fell ist kurzhaarig und ohne Haarstrich, so daß er auch mühelos rückwärts in seinen Gängen laufen kann. Maulwurfshügel sind zwar lästig, doch der Maulwurf ist für den Menschen auch nützlich, da er die Larven vieler Schadinsekten vertilgt. Man sollte ihn deshalb nicht durch Gift oder Fallen töten; man kann ihn vertreiben, indem man einen petroleumgetränkten Lappen in seine Röhre steckt.

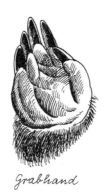

Grabhand

*die Puppe
in der Erde*

Das Abendpfauenauge

Ein harmloser Schmetterling, der Vögel erschrecken kann, das gibt es doch gar nicht. So werden jetzt sicher einige denken. Aber das Abendpfauenauge, das zu den sogenannten Schwärmern zählt und erst in der Dämmerung zu fliegen beginnt, bringt dies tatsächlich fertig. Es ist in Europa überall zu Hause und kommt auch zahlenmäßig recht häufig vor. Trotzdem ist es nur sehr schwer zu beobachten, weil es fast nur während der Nacht Blüten besucht. Mit seinem langen Saugrüssel holt es aus den Windenblüten den Nektar, eine süßlich schmeckende Flüssigkeit.

Während des Tages sitzt das Abendpfauenauge meist regungslos mit zusammengeklappten Flügeln an einem Baumstamm. Die bräunlich gefärbten Vorderflügel wirken dabei wie eine Tarnkappe. Sie verdecken die Hinter-

flügel mit der roten Farbe und den zwei schwarzblauen, pfauenartig gefärbten Flecken. Kommt ein Vogel bei seiner Nahrungssuche zu nahe an einem Abendpfauenauge vorbei, dann spreizt der Schmetterling plötzlich die Flügel und enthüllt ein Paar „Augen", die den Feind drohend anstarren. Erschreckt zuckt der Vogel zurück und fliegt davon.

Während des Fluges ist das Abendpfauenauge auch kaum von einem Feind erreichbar, denn mit seinem stromlinienförmigen Körper, den langen Vorderflügeln und der kräftigen Flugmuskulatur gehört es zu den schnellsten Fliegern unter den Insekten. Doch wenn es sich den Blüten nähert, kann es wie ein Kolibri in der Luft stehen bleiben. Durch die schnellen Schläge dieses Schwirrflugs wird im Körper des Abendpfauenauges viel Wärme erzeugt. Dies ist auch der Grund, warum die Schwärmer erst nach Sonnenuntergang mit ihrem Flug beginnen. Sie fühlen sich am wohlsten in der Nacht, weil sie dann die überschüssige Wärme am besten abgeben können.

Das Grüne Heupferd

Das Grüne Heupferd, das diesen Namen wegen der Ähnlichkeit seiner Kopfform mit einem Pferdekopf trägt, gehört zu den Laubheuschrecken. Seine langen Hinterbeine sind kräftig entwickelt, und seine Fühler sind meist länger als der ganze Körper. Obwohl dieses Insekt recht harmlos aussieht, sollte man es mit Vorsicht in die Hand nehmen. Fühlt es sich in der Hand eingesperrt, dann kann es mit seinen kräftigen Kiefern ziemlich heftig in die Haut zwicken. Im Gegensatz zu den Feldheuschrecken ist es nämlich kein Pflanzenfresser, sondern es verspeist vor allem andere Insekten.

Das Sprungvermögen dieser Tiere ist unwahrscheinlich groß. Bei einer Körperlänge von drei bis vier Zentimeter springt es oft über einen Meter hoch und bis zu mehreren Metern weit. Ein Reitpferd müßte bei seiner Körpergröße einige hundert Meter weit springen, um sich mit dem Heupferd messen zu können. Allerdings unterstützt der grasgrüne Hüpfer seinen Sprung oft mit seinen Flügeln. Man hört dann ein leises, flatterndes Sirren. Am besten kann man das in der Dämmerung oder bei hereinbrechender Nacht beobachten, denn Sonnenschein lieben diese Tiere nicht.

Gegen Ende des Sommers legt das Weibchen mit Hilfe seines großen Legestachels seine Eier in den Boden. Im darauffolgenden Frühjahr schlüpfen die kleinen Larven. Im Gegensatz zu den meisten anderen Insekten sehen die Larven den Eltern aber schon sehr ähnlich. Es fehlen ihnen nur die Flügel, die aber schon nach der ersten Häutung als kleine Stummel erscheinen und bei jeder weiteren Häutung größer werden. Nach fünf bis zehn solcher Häutungen ist das Heupferd fertig entwickelt.

Das Männchen kann, wie bei der Grille, zirpende Töne erzeugen, indem es die Flügel gegeneinander wetzt. Das laute „Zick-zick", das dabei zu hören ist, lockt die stummen Weibchen an, die wie die Grillen mit den Vorderbeinen hören.

Beim Zirpen streicht sie mit der Schrilleiste über die Schrillkante.

Flügel

Die Elster

Von der Elster mit ihrem auffällig schwarz-weiß gemusterten Gefieder wissen die meisten Leute eigentlich nur, daß sie glänzende Gegenstände „stiehlt" und in ihr Nest trägt. Sie wird deswegen gern als „diebische" Elster bezeichnet. Weit weniger bekannt ist, daß die Elster – nach menschlichen Vorstellungen – ein vorbildliches Familienleben führt.

Schon beim Nestbau arbeiten Männchen und Weibchen mit großer Ausdauer zusammen, mitunter bis zu zwei Wochen lang. Die sorgfältig gebauten Nester werden in den Wipfeln von hohen Bäumen angelegt und mit Hilfe von Dornen und trockenen Reisern gut gegen Angriffe von Raubvögeln geschützt.

Im Gegensatz zu vielen anderen Vögeln gehen Männchen und Weibchen eine dauerhafte Bindung ein, die nicht sofort nach dem Brüten wieder gelöst wird. Zwar brütet das Weibchen immer allein die Eier aus, aber das

Männchen unterstützt es dabei nach Kräften: Es bringt dem Weibchen während der ganzen Brutzeit Nahrung ans Nest und sitzt ansonsten meist ganz in der Nähe. Nähert sich ein Feind, so warnt es das Weibchen mit eindringlichen Lauten, und dieses verläßt daraufhin unauffällig das Nest.

Sind die Jungen geschlüpft, werden sie gemeinsam von beiden Eltern gefüttert. Auch nach dem Ausfliegen bleibt die Elsternfamilie noch zusammen, sogar über den nächsten Winter hinaus. Während des Winters bilden die Elstern in der Regel große Schlafgesellschaften, doch im Frühjahr finden die meisten Brutpaare wieder zusammen. Selbst wenn sich einzelne Elstern im Winter in ein anderes Gebiet begeben – man bezeichnet einen solchen Vogel als Strichvogel –, so kehren sie im Frühjahr wieder in ihr altes Revier zurück.

Da die Elster im Frühling großen Schaden anrichtet, weil sie fremde Vogelnester plündert und Jungvögel tötet, um ihre eigenen Küken zu ernähren, wird sie oft vom Menschen bekämpft.

*Mit der Taschenlampe
auf Glühwürmchen-Fang*

Das Glühwürmchen

Wenn man an einem warmen Sommerabend draußen spazierengeht, kann man beobachten, wie kleine, grünlich schimmernde Leuchtpunkte über eine Wiese huschen. Sie tauchen ganz plötzlich auf und erlöschen genauso plötzlich wieder. Wenn man diesem Schauspiel eine Weile aufmerksam zuschaut, stellt man fest, daß die Leuchtpunkte in ganz regelmäßigen Abständen, nämlich alle sechs Sekunden, ihre Blinkzeichen aussenden.

Bald wird man auch im Gras solche Leuchtpunkte finden, diese bewegen sich allerdings nicht. Es sind die weiblichen Glühwürmchen, die nicht fliegen können, weil sie keine Flügel haben. Sie klettern an Grashalmen hoch und strecken ihren Hinterleib mit dem Leuchtorgan nach oben. So antworten sie auf die Blinkzeichen der herumfliegenden Männchen und locken sie damit zur Paarung an. Mit einer Taschenlampe kann man das ganz einfach ausprobieren: Wenn man die gleiche Blinkzeichenfolge gibt wie das weibliche Glühwürmchen, dann wird sich bald ein Männchen auf der Hand niederlassen, mit der man die Taschenlampe hält.

Das Glühwürmchen kann man ruhig anfassen, man verbrennt sich an dem Leuchtfleck nicht die Finger. Das Licht, das hier in einer chemischen Reaktion entsteht, ist kaltes Licht. Diese Reaktion kann man sogar noch hervorrufen, wenn man ein totes, vertrocknetes Glühwürmchen gefunden hat: Man muß das eingetrocknete Leuchtorgan nur mit Wasser anfeuchten.

Glühwürmchen fressen fast gar nichts. Dafür sind ihre Larven um so gefräßiger: Sie machen sich sogar über Schnecken her, die viel größer und schwerer sind als sie selbst. Da die Larve so einen großen Brocken nicht verschlingen kann, muß sie ihre Beute vorverdauen. Sie sondert dazu einen Verdauungssaft ab, der das Beutetier in flüssige Bestandteile auflöst. So kann die Larve ihre Nahrung einschlürfen.

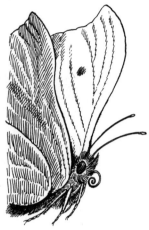

Der Zitronenfalter

Schon Anfang März flattert der Zitronenfalter in unruhigem Flug über Felder und Wiesen, um nach der langen Fastenzeit des Winters den Nektar von Seidelbast, Veilchen und anderen Frühlingsblumen zu suchen.

Frei an Büschen sitzend, zwischen trockenem Laub am Boden oder unter Moosen und Reisern versteckt, hat er als Schmetterling Winterschlaf gehalten. Dabei friert er wie in der Tiefkühltruhe ganz durch, sein Körper wird spröde wie Glas.

In der Ruhestellung ist sein Rüssel wie eine Uhrfeder unter dem Kopf aufgerollt. Nähert sich der Zitronenfalter einer Blüte oder sitzt er darauf, dann rollt er den Rüssel aus, um damit bis auf den Grund der Blüte zu gelangen. Dort befindet sich der Nektar, eine süßlich schmeckende Flüssigkeit, die der Falter begierig aufsaugt.

Das Männchen des Zitronenfalters erkennt man an seinen leuchtend gelben Flügeln, das Weibchen ist dagegen nur schwach grünlich-weiß gefärbt. Es legt etwa 200 Eier einzeln an Knospen oder bereits entwickelten Blättern von Faulbaum und Kreuzdorn ab. Schon im Mai schlüpfen die grünen, an den Seiten weiß gestreiften Raupen. Im Juni sucht sich die Raupe einen Pflanzenstengel oder etwas ähnliches, um sich daran festzuspinnen und zu verpuppen. Aus der Puppe schlüpft schon nach einigen Wochen ein junger Zitronenfalter. Fliegen kann er allerdings erst nach einigen Stunden, denn seine Flügel sind anfangs noch ganz weich und feucht. Daher pumpt der Falter Blut in seine Flügel, damit diese sich ausbreiten. An der Luft trocknen sie dann und werden allmählich hart.

Die restlichen Sommermonate verbringt er ausschließlich mit der Nahrungssuche, bevor er sich im Frühherbst einen Platz zur Winterruhe sucht.

Mit dem langen Saugrüssel kann er aus tiefen Blüten Nektar saugen.